पैसे कैसे बर्बाद करें ?

36 सटीक तरीके

अरविन्द

Made with ♥ on the Notion Press Platform
www.notionpress.com

प्रिय पाठकों,

आप सभी को समर्पित यह पुस्तक आपको मजबूर कर देगी |

जिसके लिए करे कृपया मुझे अवश्य बतायें |

आपका

अरविन्द

magicarvind@gmail.com

क्रम-सूची

क्रम-सूची

प्रस्तावना

यह पुस्तक उन सभी महानुभावों को ध्यान में रखकर लिखी गयी है जिन्हें अपने कमाए पैसों से रती भर भी प्यार नहीं है | जिन्हें हर समय अपने पैसों को खर्च करने का जूनून सवार रहता है |

आशा है उनके कुछ मदद हो जाएगी |

टिप्स पढ़कर आजमायें |

टाइम टेस्टेड हैं |

मैंने खुद आजमाये हैं |

आपका

भूमिका

जैसे नदियों का पानी अधिकता के कारण उफान पर आ जाता है,

जैसे समंदर तूफानी करने को मजबूर है

वैसे ही इंसान भी जब कंजूसी की हदों को पार करता है तब उसके मन में पैसे बर्बाद करने का उबाल आता है और वो अपना सारा पैसा बर्बाद करने में लग जाता है |

अब इसे कैसे करना है लोग नहीं बताते |

अब बिचारे कहाँ जाएँ |

ये पुस्तक आपके मदद करेगी |

पैसों को बर्बाद करने के बाद शिकायत ना करें |

धन्यवाद |

अरविन्द

पावती (स्वीकृति)

मैं उन सबका धन्यवाद देता हूँ जिन्होंने ने मेरे पैसे बर्बाद करने में मेरी सहायता की |

कुल मिलाकर देखूं तो पैसे ठीक ढंग से बर्बाद करना एक कला है |

आप हर किसी की बात सुनकर कार्य करने से पहले यह पुस्तक अवश्य पढ़ें |

आपके ज्ञान में वृद्धि होगी |

सहायक होती है तोह बेहतर नहीं हो बर्बाद वैसे ही हो |

शुभकामनाएँ !

आपका

अरविन्द

आमुख

यह आमुख नहीं चेतावानी है |

पुस्तक अच्छी तरह से पढ़ें, समझें फिर अमल में लायें |

यदि आप सचमुच अपने पैसों से तंग आ चुके हैं तभी इन सभी का उपयोग करें |

आपके किसी भी लाभ के लिए लेखक जिम्मेदार नहीं है |

नुक्सान व हानि की गारंटी है पर लाभ की नहीं |

कृपया केवल अपने अनुभव साझा करें शिकायत नहीं |

धन्यवाद

आपका

अरविन्द

1

हेलो हेलो हेलो!

हेलो! हेलो हेलो हेलो!

नमस्कार आज आपके सामने हम प्रस्तुत कर रहे हैं।

नायाब तरीके से बर्बाद करने की यानी कि यदि आपके पास ढेरों पैसे नहीं है। फिर भी आप अपने पैसों को बर्बाद करना चाहते हैं? तो यह पुस्तक आपके लिए ही है। आप अलग अलग तरीके से अपने पैसों को बर्बाद करेंगे, आजाद करेंगे। आप के चंगुल से आपके पैसे आजाद हो जाएगी। थोड़े थोड़े ही सही लगातार बर्बाद हो जाए। आपको अपने पैसों को बर्बाद करने के लिए कुछ काम करना होगा। इसके लिए मेरे बताए हुए तरीकों का उपयोग कीजिए मेरे तरीके हफ्ते!

2

तरीका नंबर वन!

तो यह तरीका नंबर वन!

यदि आपके पास ढेरों पैसे हैं और आपसे बर्बाद करना चाहते हैं? तो अपने आसपास के लोगों को देखिए उनके आसपास के स्थान को देखिए। वहां कहीं गटर होगी, कोई नाला होगा।

एटीएम नालासोपारा में है तो आपके लिए आसान है। यदि आप किसी नदी किनारे हैं तो और भी आसान है तो आपके घर के आसपास कोई नदी।

कोई तालाब? या फिर कोई छोटा मोटा पोखर?

ऐसा जगह ऐसी जगह ढूंढी है और अपने पैसों को छोटे-छोटे बंडल बनाता हूं। नदिया पोखरा में से उड़ा उड़ा कर सकते हैं। यदि आप उसकी नाव बनाते हैं। अपने पैसों की नाव बनाकर और उसे पानी में 13 गज भी भेज देते हैं तो यह भी पैसे गिर बात करने का अनोखा तरीका होगा। नदी नाले पोखर तालाब यदि आपके पैसों के लिए छोटे स्थान है तो समंदर का। क्यों कर सकते हैं, समंदर किनारे चाहिए। यदि किसी ऐसी जगह घूमने जाइए जहां पर वोटिंग होती है। अपने पैसों को घटा की और बोर्ड के द्वारा ले जाइए और समुद्र के बीचो-बीच फैला दी। इस तरह से आपके पैसे ही बर्बाद हो जाएंगे और आप आजाद हो जाएंगे अपने उन पैसों से। आशा है आपको यह तरीका तरीका नंबर वन पसंद आया होगा। ट्राई कीजिए और बताइए मुझे मैं अपना ईमेल आईडी और अपना कांटेक्ट डिटेल दे दूंगा। आप मुझे मेल कर सकते हैं कि किस बेहतरीन तरीके से आपने अपने पैसों पर बात किया। मेरी शुभकामनाएं आपके साथ हैं।

3

बोरियां भरकर सेंड करें

तरीका नंबर एक नंबर वन आपको पसंद नहीं आया। क्या आप ऐसे अभी भी आपके पास पड़े हुए हैं? बर्बाद करने के लिए और भी पैसे हैं। बोरियों भरकर बोरियां भरकर हैं या फिर आपके अकाउंट में ढेरों पैसे पड़े हुए इस अकाउंट में पड़े। आप उन्हें ही बर्बाद करना चाहते हैं। भारतीय पैसों को तो बर्बाद करने की आदत आपको लेने से भी होगी तो फिर यह है दूसरा बेहतरीन तरीका जिससे आप अपने पैसों को मैटिक इन्वेस्टमेंट प्लान के तहत बर्बाद कर देंगे या फिर सिस्टमैटिक विड्रोल टेक्निक की तरह उसका उपयोग कर अपने पैसों को बर्बाद कर देंगे।

दूसरा तरीका बड़ा आसान है, नीचे दिए गए अकाउंट नंबर मैंने आपको दिए हैं। उन अकाउंट पर थोड़ा-थोड़ा करते हुए आप अपने पैसे ट्रांसफर कर सकते हैं। मैंने

कई सारे गाने ढेर सारे अकाउंट नंबर दिया है। आपने पैसे को बर्बाद करना चाहते हैं तो उसमें थोड़े थोड़े पैसे डाल कर अपने अकाउंट से खाली कर सकते हैं। याद रखिए आपको एक बार में एक लाख से ज्यादा ट्रांसफर नहीं करना है तो एक लाख से कम ट्रांसफर कीजिए और प्रतिदिन कीजिए। आने वाले अलग-अलग अकाउंट में कीजिए। यदि आपको यह अकाउंट भी अच्छे नहीं लगते हैं तो मैं आपको।

डोनेशन वाले कुछ अकाउंट नंबर भी लिख कर दे रहा हूं। आप वहां भी ट्रांसफर करते रहिए क्योंकि आफ टेक्नोलॉजी में बहुत अच्छे हैं। आप जब चाहे तब ट्रांसफर वैसा कर सकते हैं। अपने क्रेडिट कार्ड से करते हैं। अपने डेबिट कार्ड से करते हैं। पैसा बर्बाद करने के लिए अलग-अलग तरीकों को लेकर आप बड़े ही मजबूत दिलवाले हैं तो इन अकाउंट्स को भर दीजिए। अपने उन ढेरों पैसों से जो आपको काटते हैं जो आप जो पैसे आपके लिए अच्छा नहीं कर सकते, वह दूसरों को दे दीजिए तो फिर कुछ और कुछ उदाहरण है। आप किसी अन्य अकाउंट में भी ट्रांसफर कर सकते हैं जो आपका नहीं है। ऐसे में अब आपके पैसे दोबारा वापस नहीं ले पाएंगे।

लिफ्ट लेने की कुछ ऐसा करेंगे तो भी आपको नहीं मिल पाएगा तो यह बेहतरीन तरीका है। नया तरीका है नए जमाने का तरीका है। पैसे बर्बाद करने का काफी आसान है, सरल है और लगातार बने रहिए और हम बातें करेंगे आने वाले तीसरे नायाब तरीके के बारे। पन्ना पलटते रहिए, आगे बढ़ते रहिए। पैसे बर्बाद करते रहें। मेरी

शुभकामनाएं आपके साथ हैं।

सावधान ! एक बार पैसे भेजे तो वापस न मिलेंगे |

अरविन्द

सावधान ! एक बार पैसे भेजे तो वापस न मिलेंगे |

4

ऑनलाइन ट्रेडिंग

आइए अब बात करते हैं एक नया तरीके की जो बहुत पुराने जमाने से चला रहा है पैसा बर्बाद करने का एक ऐसा साधन जिस पर सभी वह ऑनलाइन ट्रेडिंग आपको पैसा बर्बाद करने का सबसे बेहतरीन तरीका मिलाएं।

यह तरीका नंबर 3

अपने सही पैसे को घटा दीजिए। अब ठंडी में खड़ा हूं। कल आइए और तरह-तरह के जो प्लेटफार्म सैटरडे अकाउंट उनमें से चुने हुए ट्रेडिंग प्लेटफॉर्म पर अपना काम खोलकर अपने सारे पैसे वहां पे ट्रांसफर कर दीजिए और उसके बाद जो भी आपको समझ में आए। सड़े गले मरे सारे स्टाफ खरीद लीजिए और खरीदने

के बाद जब आपके अकाउंट में वह रिप्लाई करने लगे कि हां भाई आ गए हैं। सारे स्टॉक्स तो आप देखेंगे कि थोड़े दिन के बाद आपके स्टाफ की कीमत गिरती चली जाएगी और जैसे ही आप को नुकसान होना शुरू होता है। आप तैयार हो जाइए कि आप को स्टॉप भेजना है और जैसे ही आपके सारे पैसे निकल जाए। यानि नुकसान में आ जाए। 110% नुकसान तब आप स्टॉक। इसे बेहतरीन तरीका आज तक मैंने नहीं देखा।

पुराने जबसे स्टॉक मार्केट आया है तब से लेकर आज तक। करोड़ों अरबों लोगों ने अपने पैसे बर्बाद तो हाथ के पीछे हट रहे हैं। इससे बेहतरीन तरीका आपको कहीं नहीं मिलेगा तो चाहिए स्टॉक मार्केट में निवेश कीजिए और अपने पैसों को सुपरहिट तरीके से बर्बाद कीजिए। इसी की कड़ी में एक और है। यदि आपको स्टॉक खरीदने के साथ-साथ ऑप्शन और फ्यूचर में भी इंटरेस्ट है। लेन-देन का तरीका है तो आप उसमें जाए हाउस में खरीदेंगे जो ऑप्शन से और फ्यूचर से उसके खरीदने और के बाद ही आपको इतना नुकसान होगा कि आपके दिल को तसल्ली मिल जाएगी। आप सारे के सारे पैसे एक ही दिन में बर्बाद कर सकते हैं। जैसे 500 करोड़ दो हजार करोड़ यह सारे के सारे पैसे आप 1 हफ्ते के अंदर आराम से बर्बाद कर सकते हैं तो जाइए मेरी शुभकामनाएं आपके साथ हैं। स्टॉक मार्केट में इंडस कीजिए और पैसों को लगातार बर्बाद कीजिए और मजे कीजिए।

धन्यवाद।

https://zerodha.com/?c=NM2979&s=CONSOLE

https://www.sharekhan.com/offers/ account?param=23mwguz9

https://KotakSecurities.ref-r.com/c/i/ 18843/34444593

5

खर्चों के लिए बजट ना बनाये

यह धन की बचत करने का शुरूआती और प्रभावी तरीका है | हम इसे फाइनेंसियल प्लानिंग का फर्स्ट स्टेप भी कह सकते है, जिसमें सबसे पहले आपको जरूरी खर्चों के लिए एक बजट बनाना चाहिए | यदि आप अपने खर्चों को लिखकर रखेंगे, तो इससे या समझनें में आसानी होगी कि पैसो को कहाँ खर्च किया जा रहा है और कहाँ से सेविंग की जा सकती है | यदि आपने यह सही ढंग से नहीं किया तो आपके पैसे बर्बाद होने वाले हैं |

सबसे पहले आपको अपने आवश्यक खर्चों के लिए एक लिस्ट बनाना चाहिए और यह कोशिश करना चाहिए कि इन पर आपकी इनकम का 50% प्रतिशत ही खर्च करना है | अब बचे हुए पैसों में 30 प्रतिषत धन को इमरजेंसी या अचानक आने वाले खर्चों के लिए रख

सकते है | जो आवश्यकता पड़ने पर आपकी सेविंग में कन्वर्ट हो जायेगा। शेष बचे 20% धन को सदेव सेव करके रखे और धयन रखे कि इस पैसे को भूलकर भी हाथ नही लगाना है | अगर हाथ लगाया और निकाला तो बर्बादी पक्की |

6

अपने बजट में बचत को ना शामिल करें

अब जब आप जानते हैं कि आप एक महीने में कितना खर्च करते हैं, तो आप बजट बनाना शुरू कर सकते हैं । आपके बजट को यह दिखाना चाहिए कि आपके खर्च आपकी आय के सापेक्ष क्या हैं, ताकि आप अपने खर्च की योजना बना सकें और अधिक खर्च को सीमित कर सकें। नियमित रूप से होने वाले खर्चों को ध्यान में रखना सुनिश्चित करें, लेकिन हर महीने नहीं, जैसे कार रखरखाव। अपने बजट में एक बचत श्रेणी शामिल करें और उस राशि को बचाने का लक्ष्य रखें जो शुरू में आपको सहज लगे। अंततः अपनी बचत को अपनी आय के 15 से 20 प्रतिशत तक बढ़ाने की योजना बनाएं। पैसे बर्बाद करने के लिए बजट बनाने की आवश्यकता नहीं । नहीं तोह नहीं फिर पैसे तो बर्बाद होने ही हैं ।

7

फ़िज़ूल के खर्चों से दोस्ती

अक्सर देखनें को मिलता है, कि कई बार मार्केट जानें पर आप जरूरी चीजों के साथ-साथ अनावश्यक चीजें खरीदना शुरू कर देते है | जैसे- खाने-पीने की चीजें, कपड़े इत्यादि आवश्यकता से अधिक खरीद लेते है और ऐसा सोंचते है, कि शायद यह वस्तु या कपड़ा फिर नही मिलेगा | ऐसा करनें से आपका बजट बिगाड़ जाता है और आपकी सेविंग के चांस कम हो जाते है | तो शुरू कर दें फिजूल खर्ची और बर्बाद कर दें अपने पैसे|

8

खर्च में कटौती के तरीके ना खोजें

जब आपको खर्च करना है तो कटौती करने की क्या आवश्यकता है | यदि आप जितना चाहें उतना बचत नहीं कर सकते हैं, तो हो सकता है कि खर्चों में कटौती करने का समय आ गया हो। मनोरंजन और बाहर खाने जैसी गैर-जरूरी चीजों की पहचान करें, जिन पर आप कम खर्च कर सकते हैं। अपने निश्चित मासिक खर्चों को बचाने के तरीकों की तलाश करें |

9

बचत लक्ष्य निर्धारित ना करें

पैसे बचाने के सर्वोत्तम तरीकों में से एक लक्ष्य निर्धारित करना है । इस बारे में सोचकर शुरुआत करें कि आप किसके लिए बचत करना चाहते हैं। अल्पावधि (एक से तीन वर्ष) और लंबी अवधि (चार या अधिक वर्ष) दोनों में। फिर अनुमान लगाएं कि आपको कितने पैसे की आवश्यकता होगी और इसे बचाने में आपको कितना समय लग सकता है। जब लक्ष्य ही नहीं होगा तो सिर्फ खर्च होगा | जारी रखें |

10

अपनी वित्तीय प्राथमिकताएं निर्धारित ना करें

आपके खर्चों और आय के बाद, आपके लक्ष्यों का सबसे अधिक प्रभाव इस बात पर पड़ सकता है कि आप अपनी बचत का आवंटन कैसे करते हैं। उदाहरण के लिएयदि आप जानते हैं कि निकट भविष्य में आपको अपनी कार बदलने की आवश्यकता है | तो आप अभी एक के लिए पैसे निकालना शुरू कर सकते हैं। लेकिन लंबी अवधि के लक्ष्यों को याद रखना सुनिश्चित करें | अपने बचत लक्ष्यों को प्राथमिकता देना सीखना आपको अपनी बचत का आवंटन करने का स्पष्ट विचार दे सकता है। क्या आवश्कताएं हैं आपको प्राथमिकता की | पैसे फेंकने के लिए प्राथमिकता तो एक ही है | बर्बाद कर दो अपने पैसे |

11

अपनी बचत को बढ़ता हुआ देखें तो डरे जाएँ

अपने बजट की समीक्षा करें और हर महीने अपनी प्रगति की जांच करें। इससे आपको न केवल अपनी व्यक्तिगत बचत योजना से मदद मिलेगी, बल्कि समस्याओं को जल्दी से पहचानने और ठीक करने में भी मदद मिलेगी। पैसे बचाने के तरीके को समझना आपको बचाने और अपने लक्ष्यों को तेज़ी से पूरा करने के और तरीके खोजने के लिए प्रेरित करता है। जब आपका बचत बढ़ता जाए तो चिंता करें ये क्या कर दिया | सब कुछ छोड़ कर ऊपर के सभी कार्य करना |

12

हेल्थ इंश्यूरेंस की क्या आवश्यकता, जाने दो

हेल्थ इंश्युरेंस आपके पैसे बचने में सहायक सिद्ध हो सकता है | हेल्थ इंश्युरेंस से आप अचानक आने वाले मेडिकल खर्चे से बच सकतें हैं। वर्तमान समय में एक बार हॉस्पिटल में एडमिट होने पर कितना खर्च आता है, इससे हम सभी अच्छी तरह से वाकिफ है | इसलिए आपको लगे कि मुझे हेल्थ इंश्यूरेंस की जरुरत नही है, फिर भी आपको हेल्थ इंश्योरेंस और टर्म इंश्योरेंस अवश्य लेना चाहिए | अगर ले लिया तो अच्छा ही होगा | अब हमारा उद्द्येश्य तो है पैसे बर्बाद करना इसलिए अपना ही नहीं पूरे खानदान का इन्सुरांस ले लीजिये | सबके लिए नॉमिनेशन चैरिटी में डाल दो | और नहीं तो हो सके तो अपने पूरे मोहल्ले के लोगों का हेल्थ इन्सुरांस ले लो और किसी न बताओ | पैसे हर महीने

बर्बाद होंगे और आप मजे से पैसे लुटाते रहेंगे |

13

घर का खाना ना खाने की आदत डालें

यदि आपको घूमना-फिरना अधिक पसंद है, तो स्वाभाविक रूप से आप अधिकतर खाना भी बाहर ही खाते होंगे | अपनी इस आदत में सुधार करे और बाहर खाना खाने के बजाय घर का बना हुआ खाना खाएं। इससे आपको दो प्रकार के लाभ मिलेंगे, पहला बाहर के बने हुए भोज्य पदार्थों में साफ- सफाई की कोई गारंटी नहीं होती है, जिससे आपको स्वाथ्य नुकसान हो सकता है | दूसरा स्वास्थ्य लाभ के साथ-साथ आपके पैसों की बचत होती है | एक बार आप अनुमान लगाकर देखिये, कि बाहर मिलने वाला पिज्जा को आप अपने घर में बनाये तो निश्चित तौर पर आपकी तीन चौथाई पैसों की बचत होगी। अगर बचत होगी तो बेकार में आपके पास पैसे जमा होते चले जायेंगे | इसलिए सबसे बेहतर विकल्प है की आप अपने पूरे परिवार के साथ किसी सेवेन स्तर (7 star) होटल में जाएँ, सबसे महँगा खाना आर्डर करें | परिवार को खिलाएं और भारे भरकम

टिप दे दें | और देखिये पैसे कैसे नहीं बर्बाद होते फिर भी पेट न भरे तो आप जहाँ रहते हों वहां हर दिन लंगर लगवाएं, सप्ताह में एक दो दिन पूरे शहर को मुफ्त भोजन खाने का आमंत्रण दें | सभी को सुपर डुपर भोजन करवाएं | नाम के साथ-साथ पैसे भी बर्बाद दोनों साथ ही हो जायेंगे | ये अब तक का सबसे बेहतर बर्बादी स्टाइल है| अपनाकर देखें !

14

सफ़र में प्राइवेट ट्रांसपोर्ट का इस्तेमाल

कहीं आने -जाने के लिए आपको अपने निजी वाहन की अपेक्षा अधिक से अधिक पब्लिक ट्रांसपोर्ट जैसे– मेट्रो, बस आदि का इस्तेमाल करना चाहिए | दरअसल पब्लिक ट्रांसपोर्ट का इस्तेमाल करनें से अपने वाहन की तुलना में बचत अधिक होगी | ऐसा करने से आप कुछ समय में ही अच्छी खासी रकम बचा सकते हैं। अगर आप ऐसा सोच रहें हैं तो बेकार है | आपको यहाँ यह सब नहीं करना है | बस हमेशा रेंट पर ही सब जगह घूमा फिरा करें | बस बर्बादी के करीब होँगे |

15

पैसे लुटाने के टोटके

आज के महंगाई के दौर में हमारे जीवन में पैसों का महत्व बढ़ता जा रहा है | दरअसल पैसा ही एक ऐसी चीज है, जिससे हम अपनी सभी आवश्यक आवश्यकताएं पूरी कर सकते है | ऐसे में आपको लगता है, कि तमाम कोशिशों के बावजूद आपके पास पैसा नही बचता है और सदैव धन की तंगी बनी रहती है | कई बार आपको ऐसा महसूस होता है, कि इनकम बढ़ने के बावजूद भी धन की बचत नही होती है | ऐसे में आपको यहाँ कुछ ऐसे टोटके बता रहे है, जिसको निरंतर करने से आपकी परिस्थिति में बदलाव आ सकता है | और हाँ बर्बादे के लिए विलोम करें अर्थात जस्ट इसका उलटा....

16

खाली हाथ घर बिल्कुल भी ना जाएँ

जब कभी आप शाम को अपने ऑफिस या काम से घर वापस लौटे तो भूलकर भी खाली हाथन जाएँ, कोई भी घर का सामान खरीदते हुए जाएं। हालाँकि यह आवश्यक नही है, कि आप कोई महंगी चीज ही लेकर जाएँ| इसमें आप रोजमर्रा की चीजे जैसे- फल, दूध, सब्जियां आदि कोई भी घरेलू सामान हो सकता है|

17

पूजा के स्थान पर काली हल्दी रखे

ऐसी मान्यता है, कि नकारात्मक शक्तियों को दूर करनें में काली हल्दी बहुत ही प्रभावकारी होती है | इसलिए यदि आपके पास हमेशा पैसे की तंगी बनी रहती है, तो आपको पूजा के स्थान पर काली हल्दी को रखना होगा | जब भी आप सुबह पूजा करते है, तो इसे नियमित रूप से धूप दिखाएं। ऐसा करनें से पैसे के गैरजरूरी खर्चों में कमी आएगी | इसके अलावा जब कभी आप धन-संपत्ति से सम्बंधित किसी कार्य से बाहर जाएं, तो पूजा स्थान पर रखी काली हल्दी का दर्शन करके ही धर से बाहर निकले |

18

सोमवार या शुक्रवार को सफ़ेद चीजों का करे दान

यदि आप चाहते है, कि धन की देवी माता लक्ष्मी की कृपा आपके ऊपर बनी रहे तो आपको प्रत्येक सोमवार या शुक्रवार कोसफेद चीजों का दान अवश्य करें।सफेद चीजों में दूध, कपड़े और चीनी आदि कुछ भी हो सकता है | ऐसा करने से आपके पास कभी धन की कमी नही रहेगी |

19

जरूरतमंद व्यक्ति को करें दान

प्रतिदिन जब भी आप अपने ऑफिस या काम पर जाने के लिए घर से निकलते है, तो जाते समय कुछ पैसे छिपाकर घर में कहीं रख दें। जब शाम को घर वापस लौटे तो उस पैसे को किसी जरूरतमंद व्यक्ति को दान कर दें | इसके अलावा शनिवार के दिन इस छुपाये गये पैसे को किसी सफाइकर्मी को दान करने से आर्थिक बाधाएं दूर होती है।

20

अपने घर को रखें साफ - सुथरा

धन की देवी माता लक्ष्मी का वास साफ-सुथरे स्थान पर होता है | इसलिए यह आवश्यक है कि आप अपने घर को साफ-सुथरा रखे | इसके साथ ही यदि आपके घर के पश्चिम दिशा में कूड़ा अथवा घास-फूस आदि जमा हो तो उसे तुरंत हटा दे | व्यवसाय में वृद्धि और धन के लाभ के लिए अपने घर को साफ-सुथरा रखना अत्यंत आवश्यक है |

21

पैसे बर्बादी के आसान 36 तरीके

जब बर्बाद ही करना है तो ये सब करके क्या करोगे |

जिन लोगों को पैसे की जरूरत हो उनको ही दे दो |

नीचे लिस्ट वाले काम करके आप अपना सपना पूरा करें |

पैसे बर्बाद कर दें |

1.
   लुटाते रहें

2.

बर्बाद करते रहें

3.

मुफ्त में दें

4.

रेंट पर रहें

5.

रेंट पर चलें

6.

गरीबों के झोली भर दें

7.

ट्रेडिंग करें

8.

कूड़े में डाल दें

9.

बण्डल बनाकर दुनिया के सभी एड्रेस पर भेजें

10.

उधार देकर भूल जाएँ

11.

पानी में बहा दें

12.

समंदर में डाल दें

13.

घटिया फिल्म बनायें

14.

किसी के अकाउंट में डेली ट्रान्सफर करें

15.

दान कर दें

16.

गिफ्ट दे दें

17.

मुफ्त भोजन करवाएं

18.

बहुत बड़ा विद्यालय खोले व लगातार सेवा देते रहें

19.

बहुत बड़ा अस्पताल खोलें व लगातार सेवा देते रहें

20.

सभी कर्मचारियों को बोर भर भर कर सैलरी दें

21.

खुद के नाम का सब कुछ दूसरों के नाम करें

22.

सड़क खुदवाएं फिर बनवाएं

23.

बड़े बड़े तालाब बनवाएं

24.

बड़े बड़े वृक्ष लगवाएं

25.

टेक्नोलॉजी बढ़ाएं फिर दुनिया के लिए मुफ्त कर दें

26.

किसी अन्य ग्रह पर जाएँ, सबको ले जाएँ

27.

समुंदर साफ़ करवाएं

28.

सभी नाले प्रतिदिन साफ़ करवाएं

29.

लीडरशिप से दूर रहें, एयर लाइन्स खोलें, चलाते रहें

30.

बच्चों के मैदान, पार्क बनवाएं

31.

दुनिया के सभी कर्मचारियों को हर महीने बोनस दें

32.

क्रेडिट कार्ड लें सभी कंपनियों का

33.

क्रेडिट कार्ड पैसे खर्च करें पर चुकाने में देरी कर दें

34.

पैसे जलाने का तरीका ठीक है पर कीमती नहीं

35.

सबकी समस्या अपनी समझ कर मदद करें आप
अवश्य अपने पैसे अच्छी तरह से बर्बाद कर सकते हैं
।

36.

जब जहाँ मौक़ा मिले शामिल हो जाएँ और पैसे बाँटते
जाएँ

अत्यावश्यक चेतावनी

आशा है आपको ये सारे तरीके बेहतरीन लग रहे होंगे | *www.google.com* & *hindifinance* का धन्यवाद जिन्होंने मेरे लेख में चार चाँद लगा दिए |

सभी का भी धन्यवाद ! !

सुझाव |

बर्बाद करें मगर उतना ही जितना आप झेल सकें |

शुभ कामनाएं !

आपका

अरविन्द